BEI GRIN MACHT SICH IHR WISSEN BEZAHLT

Dirk Wiese

Die Arbeitsmarkt- und Beschäftigungspolitik in der Europäischen Union

GRIN Verlag

Bibliografische Information der Deutschen Nationalbibliothek:

Die Deutsche Bibliothek verzeichnet diese Publikation in der Deutschen National-
bibliografie; detaillierte bibliografische Daten sind im Internet über http://dnb.d-
nb.de/ abrufbar.

Impressum:

Copyright © 2005 GRIN Verlag, Open Publishing GmbH
Druck und Bindung: Books on Demand GmbH, Norderstedt Germany
ISBN: 978-3-640-99263-8

Dieses Buch bei GRIN:

http://www.grin.com/de/e-book/177495/die-arbeitsmarkt-und-beschaeftigungspo-
litik-in-der-europaeischen-union

GRIN - Your knowledge has value

Der GRIN Verlag publiziert seit 1998 wissenschaftliche Arbeiten von Studenten, Hochschullehrern und anderen Akademikern als eBook und gedrucktes Buch. Die Verlagswebsite www.grin.com ist die ideale Plattform zur Veröffentlichung von Hausarbeiten, Abschlussarbeiten, wissenschaftlichen Aufsätzen, Dissertationen und Fachbüchern.

Besuchen Sie uns im Internet:

http://www.grin.com/

http://www.facebook.com/grincom

http://www.twitter.com/grin_com

Universität Osnabrück SS 2005

Seminar: Internationale Politik II – Policy-Making in der EU

Thema:

Die Arbeitsmarkt- und Beschäftigungspolitik in der Europäischen Union

Vorgelegt von:

Dirk Wiese

Inhaltsverzeichnis:

1. Einleitung

Das Thema dieser Ausarbeitung ist die Auseinandersetzung mit verschiedene Aspekten der Arbeitsmarkt- und Beschäftigungspolitik innerhalb der Europäischen Union, nach dem Amsterdamer Vertrag 1997. Dazu werden im Verlauf dieser Ausarbeitung folgende Fragestellungen genauer behandelt:

-Was ist die Zielsetzung auf europäischer Ebene?

-Was ist die offene Methode der Koordinierung und wozu dient sie?

-Wie stellt sich die Arbeitsmarktpolitik der EU im Vergleich mit deutschen Aktionsplänen dar?

-Wie stellt sich die deutsche Arbeitsmarkt- und Beschäftigungspolitik im Vergleich mit den Zielvorgaben der EU dar?

Die Arbeitsmarktpolitik und die Beschäftigungspolitik ist eines der zentralen Themen der EU. Denn neben der wirtschaftlichen Verknüpfung der einzelnen Mitgliedsstaaten ist es natürlich von großer Bedeutung, dass die einzelnen Staaten ihre wirtschaftliche Konkurrenzfähigkeit beibehalten. Dazu gehört als Grundvoraussetzung eine möglichst niedrige Arbeitslosenquote. Eine hohe Beschäftigungsrate ermöglicht auch die sichere Konsolidierung der sozialen Sicherungssysteme wie zum Beispiel die Rente. Durch eine niedrige Arbeitslosenquote wird also Armut und soziale Ausgrenzung vermindert.

2. Arbeitsmarkt- und Beschäftigungspolitik in der Europäischen Union

2.1 Was ist die Zielsetzung auf europäischer Ebene?

Der Lissaboner Prozess ist die Verknüpfung der drei Pfeiler, der europäischen Arbeitsmarkt- und Beschäftigungspolitik. Die drei Pfeiler sind:

1. Der Vertrag von Amsterdam und der Luxemburg Prozess: Der Amsterdamer Vertrag war ein Wendepunkt in der gemeinsamen Arbeitsmarkt- und Beschäftigungspolitik der einzelnen Mitgliedsstaaten. Bis zu jenem Zeitpunkt beschränkte sich die gemeinsame Politik auf Einzelmaßnahmen im Bereich der Struktur-, der Sozial-, der Bildungs- und Jugendpolitik. „Auf dem Europäischen von Amsterdam im Juni 1997 wurden in den EG-Vertrag ein Titel zur Beschäftigung (Art.

125-130) sowie als Gemeinschaftstätigkeit die Förderung der Koordinierung der nationalen Beschäftigungspolitiken (Art. 3) aufgenommen."[1] Das vorrangige Ziel ist die Förderung der Anpassung, Ausbildung und Qualifizierung der Arbeitnehmer. Den einzelnen Mitgliedsstaaten ist auch weiterhin die alleinige Kompetenz in Fragen der nationalen Arbeitsmarkt- und Beschäftigungspolitik gegeben. Es soll auch gewährleistet sein, dass die Arbeitsmärkte auf flexibel auf den wirtschaftlichen Wandel reagieren können. Dazu wurden der EU auf zwei Ebenen begrenzte Handlungsinstrumente zur Ergänzung der vorrangigen einzelstaatlichen Beschäftigungspolitiken `installiert´:

A) Erstens wurde ein Berichts- und Überprüfungsverfahren eingeführt, das heißt der EU-Rat und die EU-Kommission erstellen einen Bericht zur Beschäftigungslage in der EU, woraufhin die Kommission Leitlinien für die Beschäftigungspolitiken erarbeitet. Diese werden dann vom Rat beschlossen. Dann legt jeder Mitgliedsstaat einen Bericht vor, inwieweit er diese Leitlinien befolgt hat. Der Rat ist berechtigt, nach Prüfung der nationalen Berichte, auf Vorschlag der Kommission Empfehlungen an die Mitgliedsstaaten zu richten.

B) Der Rat ist berechtigt Anreize zur Zusammenarbeit in der Beschäftigungspolitik zwischen den einzelnen Mitgliedsstaaten zu geben. Eine Harmonisierung der nationalen Rechts- und Verwaltungsvorschriften ist ausgeschlossen.

Es wurde außerdem der Beschäftigungsausschuss, als beratendes Gremium geschaffen. Er soll die Koordinierung der nationalen Arbeitsmarkt- und Beschäftigungspolitiken durch Stellungnahmen fördern. Der Luxemburg Prozess ist als Präzisierung des Amsterdamer Vertrages zu sehen. Es wurden die Bestimmungen des neuen Beschäftigungstitels in Form von nationalen beschäftigungspolitischen Aktionsplänen, jährlichen beschäftigungspolitischen Leitlinien und einem gemeinsamen Beschäftigungsbericht überarbeitet.[2]

2. Der Cardiff Prozess ist die Strukturreform der Kapital- und Dienstleistungsmärkte und umfasst industrie- und wettbewerbspolitische Aspekte.[3] Seine Aufgabe ist die

---

[1] www. Auswaertiges-Amt. de, Europäische Beschäftigungspolitik, vom 25.8.2005.
[2] Vgl. www. Auswaertiges-Amt. de, Europäische Beschäftigungspolitik; Kasten, G., Soskice, D., Europäische Beschäftigungspolitik. Möglichkeiten und Grenzen ,Marburg 2001, S. 25.
[3] Kowalsky, W., Reformimpulse auf europäischer Ebene-Paradigmenwechsel in der Beschäftigungspolitik?, in: Neue Balance zwischen Markt und Staat? Sozialdemokratische Reformstrategien in Deutschland, Frankreich und Großbritannien, Schroeder, W.(Hg.), Schwalbach/Ts 2001, S. 148.

Wettbewerbsfähigkeit und das Funktionieren der Arbeits, - Waren-, Dienstleistungs- und Kapitalmärkte zu verbessern.[4]

3. Der Köln Prozess beinhaltet einen neuen „makroökonomischen Dialog" zwischen Rat, Zentralbank, Kommission und Sozialpartnern. Er soll die Kohärentheit des makroökonomische „policy mix" der EU sicherstellen, dabei soll nach technischer und politischer Ebene getrennt werden.[5] Das Ziel ist eine verbesserte Abstimmung zwischen Lohn-, Finanz- und Geldpolitik.[6]

„ Mehr Arbeitsplätze, bessere Arbeitsplätze, Chancengleichheit – das sind die Mottos der europäischen Beschäftigungs- und Sozialpolitik."[7] Um diese Ziele zu erreichen, bedarf es des reibungslosen Zusammenwirkens von Wirtschafts-, Beschäftigungs- und Sozialpolitik. Zu diesem Zweck wurde eine sozialpolitische Agenda aufgestellt, mit folgenden Zielebenen:

-Eine europäische Beschäftigungsstrategie

-Die Verbesserung der Arbeitsbedingungen und der Arbeitsstandards

-Die soziale Eingliederung und der soziale Schutz

-Die Gleichstellung der Geschlechter

Die Europäische Beschäftigungsstrategie beinhaltet, dass mehr Arbeitsplätze geschaffen werden sollen, dass die Arbeitsbedingungen verbessert werden sollen und es soll eine verbesserte Vereinbarkeit mit den Anforderungen des beruflichen und privaten Lebens gewährleistet sein.[8] Man kann die europäische Arbeitsmarktpolitik und die europäische Beschäftigungsstrategie in vier Punkte einteilen:

-Die Beschäftigungsfähigkeit, eine aktive und präventive Arbeitsmarktpolitik soll das abgleite in Arbeitslosigkeit und Langzeitarbeitslosigkeit verhindern.

-Der Unternehmergeist, das heißt es soll einfacher sein, Arbeitsplatzschaffende Unternehmen zu gründen. Dies gilt besonders für den Dienstleistungssektor, um „[...] das Potential der Informationsgesellschaft anzuzapfen."[9]

---

[4] www. Auswaertiges-Amt. de, Europäische Beschäftigungspolitik.
[5] Kowalsky, Reformimpulse, S. 149.
[6] www. Auswaertiges-Amt. de, Europäische Beschäftigungspolitik.
[7] www. Europa,. eu. int, Überblick über die Tätigkeitsbereiche der Europäischen Union: Beschäftigung und Sozialpolitik, vom 25.8.2005.
[8] Ebd.
[9] Larsson, A., Die europäische Beschäftigungsstrategie und der Europäische Beschäftigungspaket, in: Der Europäische Beschäftgungspakt-Entstehungsprozeß und Perpektiven, Piehl, E., Timmermann, H. J. (Hg.), Baden-Baden 2000, S. 23 f.

-Die Anpassungsfähigkeit, d.h. die „Sozialpartner" sollen eine neue Partnerschaft eingehen, zur Modernisierung der Arbeitsorganisation und der Investition in Humanressourcen.

-Chancengleichheit ist der vierte Punkt. Er beinhaltet, dass die Vereinbarkeit von Berufsleben und Familienleben verbessert wird und keinem Arbeitnehmer ein Nachteil entsteht. [10]

2.2 Was ist die offenen Methode der Koordinierung und wozu dient sie?

Die EU hat die offene Methode der Koordinierung im Jahr 2000 in der Wirtschafts-, Finanz- und Sozialpolitik eingeführt, um die Wettbewerbsfähigkeit der EU zu steigern.

Die offene Methode der Koordinierung ist ein formalisiertes Verfahren der Zusammenarbeit, um den Austausch von Informationen und Erfahrungen zwischen den Mitgliedsstaaten zu fördern. Sie arbeitet nach dem Prinzip des Lissabon-Prozesses. Sie beinhaltet im wesentlichen folgende Punkte:

-Die freiwillige Verständigung auf gemeinsame Ziele sowie

-Die Beobachtung und Bewertung der erzielten Fortschritte anhand von

-Gemeinsamen Indikatoren, die einen Lernprozess der Mitgliedsstaaten voneinander anregen sollen, um best practice Verfahren zu erreichen

-Ferner sollen nationale Aktionspläne erarbeitet werden[11]

Sie bezieht sich auf die Zusammenarbeit zwischen EU-Gremien und den Nationalen Regierungen. Da die einzelnen Mitgliedsstaaten Berichte über ihre nationalen Aktionen dem Europäischen Rat vorlegen müssen, sind sie zur Zusammenarbeit und zur Befolgung der Empfehlungen, wenigstens soweit wie möglich, gebunden. Die offene Methode der Koordinierung soll durch seine auf Überwachung beschränkte Kompetenz, einen Lernprozess bei den Mitgliedsstaaten zur Folge haben. Durch die Empfehlungen des Rates soll eine höchst mögliche Effizienz der nationalen Aktionspläne erreicht werden. Dies ist notwendig um das `Traumziel´ der EU in der Arbeitsmarktpolitik zu erreichen: Die Vollbeschäftigung auf sozial verträglicher Basis für die Sozialpartner.[12] Die offene Methode der Koordinierung beruht auf fünf Schlüsselprinzipien:

---

[10] Ebd.
[11] www.Bundesvereinigung der Deutschen Arbeitgeberverbände-online.de, Die offene Methode der Koordinierung, vom 1.9.2005.
[12] Verzetnitsch, F., Der Europäische Beschäftigungspakt - Plan, Pakt oder Prozeß ?, in: Der Europäische Beschäftigungspakt - Entstehungsprozeß und Perspektiven, Timmermann, H. J. (Hg.),Baden-Baden 2000, S.40 f.

-Subsidiarität: Sie dient dem Gleichgewicht zwischen EU und den Mitgliedsstaaten.

-Konvergenz: Das Streben die durchschnittliche Leistung in Europa anzuheben.

-Führen nach Zielen: Die Ziele der Methode basieren auf gemeinsame Werte der Mitgliedsstaaten. „Durch die Nutzung von Zielen und Indikatoren werden die Ergebnisse der Politiken transparent gemacht und sind deshalb offen für Bewertungen durch die Öffentlichkeit."[13]

-Länderüberwachung: Die wird durch den jährlichen Bericht der Mitgliedsstaaten gewährleistet und soll den Lernprozess und das Erreichen von best-practice Verfahren fördern.

-Ein integriertes Konzept. Der Luxemburger-Prozess bezieht sich nicht nur auf die Arbeitsmarkt- und Beschäftigungspolitik, sondern auch auf die Regierung als ganzes und auf eine Vielzahl von anderen Akteuren.[14]

2.3 Wie stellt sich die deutsche Arbeitsmarkt- und Beschäftigungspolitik im Vergleich mit der Zielvorgabe der EU dar?

2.3.1 Strukturierung: In der Bundesrepublik gab es vor der Regierung Schröder keine aktive Beschäftigungspolitik im Sinne einer gezielten Steuerung von Arbeitsangebot und Arbeitsnachfrage. Die Beschäftigungspolitik wurde der Preisstabilitätspolitik untergeordnet. Das hatte zur Folge das zwar die Inflationsrate niedrig war, aber erhebliche Defizite bei der Beschäftigungspolitik und der Bekämpfung der Arbeitslosigkeit auftraten.

Mit Schröders `Bündnis für Arbeit´ wurde versucht mit der Bundesregierung, Regierungsparteien, Gewerkschaften, Arbeitgeber- und Wirtschaftsverbänden die Arbeitslosigkeit gemeinsam zu bekämpfen. Das Bündnis scheiterte aber. In der BRD wird eine im internationalen Vergleich weitreichende Arbeitsmarktpolitik betrieben, sowohl in der `aktiven´ Arbeitsmarktpolitik, das bezieht sich auf Umschulungen, Weiterbildungen, etc., als auch in der passiven Arbeitmarkpolitik, das bezieht sich auf die Arbeitslosenversicherung. Das Arbeitsangebot wird durch die Arbeitsmarktpolitik prozyklisch gesteuert. „ [...]: in Perioden wirtschaftlichen Abschwungs und hohen Arbeitskräfteüberschusses wirkt sie dabei mit, das Arbeitsangebot relativ rasch an

---

[13] www.Bundesministerium für Finanzen. gv. at, Wirtschaftspolitik, vom 1.9.2005.
[14] Ebd.

die schrumpfende Arbeitsnachfrage anzupassen."[15] Das wird erreicht durch den zeitweiligen oder dauerhaften Rückzug von Erwerbspersonen vom Arbeitsmarkt durch vorgezogenen Altersgrenzen und großzügigeren Zuteilungen von Invaliditätsrenten. Als Instrument dient aber auch die „Repatriierung" von Ausländern aus nicht EU-Staaten.[16]

Das Bundesministerium für Wirtschaft und Arbeit (BMWA) ist das für die Arbeitsmarkt- und Beschäftigungspolitik zuständige staatliche Organ. Seine Ziele sind folgende:

-Ein hoher Beschäftigungsstand

-Dauerhafte Wachstums- und Wettbewerbschancen für die BRD

-Soziale Sicherheit

-Ein fairer Interessenausgleich in der Arbeitswelt

-Förderung von Innovationen und neuen Technologien um die Wirtschaft der BRD wettbewerbsfähig zu halten

-Verbindung ökonomischer und ökologischer Ziele

-Vertiefung der weltweiten Arbeitsteilung und eines freien Welthandels

Die BMWA ist also ständig gefordert "[...] die Bedingungen für wirtschaftliches Handeln auf der Basis von persönlicher und unternehmerische Freiheit, Wettbewerb und Stabilität zu gestalten, einen angemessenen Schutz für Arbeitnehmer zu gewährleisten und die Beschäftigungsfähigkeit der Arbeitnehmer zu fördern."[17] Das Ministerium fungiert in administrativer, gesetzgeberischer und koordinierender Aufgabe, im Arbeitsschutz und Arbeitsrecht, ebenso in Energie- und Außenwirtschaftspolitik.[18]

2.3.2 Reformen: Die Regierung Schröder hat einige Reformen in der Arbeitsmarkt- und Beschäftigungspolitik eingeführt. Ein Vorschaltgesetz zum Arbeitsförderungsrecht sollte die arbeitsmarktpolitischen Instrumente zielgenauer und effektiver machen, soziale Härten sollten beseitigt werden und die Bürokratie der Arbeitverwaltung abgebaut werden. Erreicht wurden:

-Die Erleichterung der Vergabepraxis bei Arbeitsbeschaffungsmaßnahmen und die Öffnung der Zugangsvoraussetzungen.

[15] Schmidt, M. G, Arbeitsmarkt- und Beschäftigungspolitik in der Bundesrepublik Deutschland , in: www. Bundeszentrale für politische Bildung. de, vom 2.9.2005.
[16] Ebd.
[17] www. Bundesministerium für Wirtschaft und Arbeit.. bund. de, Struktur und Aufgaben, vom 2.9.2005.
[18] Ebd.

-Die Zielgruppenorientierung bei Strukturanpassungsmaßnahmen wurde in den neun Bundesländern auf besonders förderungsbedürftige Arbeitnehmer erweitert.

-Existenzgründer erhalten ein Übergangsgeld, auch wenn eine Lücke zwischen Arbeitslosigkeit und Existenzgründung besteht.

-Befristete Beschäftigungsverhältnisse die vorher nicht zu Stande kamen, aufgrund des vermeintlich zu hohen Risikos für den Arbeitgeber, werden durch Arbeitnehmerhilfe gefördert.

-Ein Eingliederungszuschuss für ältere Arbeitnehmer wurde eingeführt. Diese Förderung kann auch an Arbeitgeber gezahlt werden, die jemanden einstellen der länger als drei Monate keiner versicherungspflichtigen Beschäftigung mehr nachgegangen ist.

-Bei der Arbeitslosenhilfe wurde die Verwaltung bei der Bemessung vereinfacht.

-Der Wegfall der dreimonatigen Rückmeldefrist. „Das für die Höhe eines Arbeitslosengeldes maßgebliche Entgelt wurde aufgrund der Teilnahme an Arbeitsbeschaffungs- und Strukturanpassungsmaßnahmen (d.h. er wurde nicht arbeitslos) nicht verringert. Das Entgelt betreffende zeitaufwendige Nachbescheinigungen und Nachrechnungen vermieden werden."[19]

Diese Punkte sind die Grundlage für eine aktivierende Arbeitsmarkt- und Beschäftigungspolitik. Diese wurde im Job AQTIV-Gesetz zur Reform des SGB III im Sommer 2001 beschlossen. Das bedeutet es werden die Förderung von „[...] Aktivieren, Qualifizieren, Trainieren, Investieren, Vermitteln als Zielvorgabe postuliert."[20] Verschiedene dieser bereits genannten Maßnahmen sind in der Erprobungsphase und bedürfen teilweise ihrerseits einer Reform. Der nötige Wechsel von einer aktiven zu einer aktivierenden Arbeitsmarkt- und Beschäftigungspolitik ist noch nicht vollzogen.[21]

2.3.3 Kosten: Die Kostensenkung in der Arbeitsmarkt und Beschäftigungspolitik ist ein zentrales Thema. Die Regierung Schröder steht vor der Aufgabe das Sozialbudget zu senken, aber gleichzeitig auch die Arbeitslosenquote zu senken durch die Umstellung auf eine aktivierende Arbeitsmarkt- und Beschäftigungspolitik.[22]

---

[19] West, K.-W-., Sozialstaatliche Reform als Übergang von einer aktiven zu einer aktivierenden Arbeitsmarktpolitik, in: Neue Balance zwischen Markt und Staat? Sozialdemokratische Reformstrategien in Deutschland, Frankreich und Großbritannien, Schroeder, W. (Hg.), Schwalbach/Ts. 2001, S.122 f.

[20] Schmid, J., Wohlfahrtsstaaten im Vergleich. Soziale Sicherung in Europa: Organisation, Finanzierung, Leistungen und Probleme, Opladen 2002, S. 119.

[21] West, Sozialstaatliche Reformen, S. 119.

[22] Schmid, Wohlfahrtsstaaten, S. 119.

Bei der Ergreifung von Maßnahmen, um diese Ziele zu erreichen, muss die Regierung Schröder sich an das Grundprinzip der sozialen Sicherung halten. Es muss also gewährleistet sein, dass die „[...] Berechenbarkeit von sozialen Risiken und ihre Abdeckung durch Beiträge"[23] gegeben sind. Kleinere Umverteilungsspielräume sind dadurch gegeben, dass die Leistungen nicht strikt an die Beitragshöhe gekoppelt sind. Eine Relativierung ist allerdings das Element der Beitragsobergrenze.[24]

Um die Kosten in der Arbeitsmarkt- und Beschäftigungspolitik zu senken, setzt die Regierung Schröder auf die Hartz-Gesetze. [25] Hier ist insbesondere das Hartz-IV-Gesetz genauer zu betrachten. Das Hartz-IV-Gesetz wurde von der Hartz-Kommission im Frühjahr 2002 vorgelegt, als ein Bestandteil der Dienstleistung am Arbeitsmarkt. Es beinhaltet vorrangig die Aktivierung der Langzeitarbeitslosen, durch die Verbesserung der finanziellen Anreize bei der Beschäftigungsaufnahme. Dies geschieht unter anderem durch das verbesserte Einstiegsgeld. Alle Arbeitslosen solle ihre Leistungen aus einer Hand bekommen. „ Gemäß dem Kompromiß im Vermittlungsausschuss sind im Regelfall entweder Arbeitsgemeinschaften aus Agenturen für Arbeit und Kommunen zuständig oder – in begrenzter Zahl – die Kommunen, im Folgenden „optierende Kommunen" genannt, selbst."[26] Ein wichtiger Bestandteil der Hartz-IV-Regelung ist auch die Umstellung von der prozentual berechneten Arbeitslosenhilfe, auf den Festsatz für alle Langzeitarbeitslosen. Dieser ist ebenso hoch wie die Sozialhilfe. Es wurden also Arbeitslosenhilfe und Sozialhilfe zusammengelegt und das Arbeitslosengeld II (ALG II) geschaffen. Außerdem wurden die Bedürftigkeitsprüfungen verschärft und die Zumutbarkeitsregelungen für Beschäftigungen weiter gefasst.[27]

Es werden also Kosten einerseits gespart, durch die Schaffung des ALG II, andererseits werden Gelder neu ausgegeben, also reinvestiert, um die Hartz-Reformen `ins Laufen´ zu bringen. Denn diese haben als langfristiges Ziel, dass mehr Menschen in Beschäftigung stehen. Das wiederum entlastet die sozialen Kassen, worauf wiederum die Arbeitslosenversicherung und andere Sozialbeiträge

[23] Ebd., S. 109.
[24] Ebd.
[25] Schultheiß, M., Arbeit für alle, in: www. Bundeszentrale für politische Bildung, vom 2.9.2005.
[26] Walwei, S., Koch, U., Hartz IV: Neue Perspektiven für Langzeitarbeitslose?, in www. Bundeszentrale für politische Bildung.de, vom 2.9.2005.
[27] Ebd.

sinken könnten.[28] Bei der Arbeitslosenversicherung würde das zum Beispiel für beide Sozialpartner einen für beide Sozialpartner einen Vorteil bringen, denn die Versicherung wird hälftig durch die Beiträge von Arbeitnehmern und Arbeitgebern finanziert. Es würden also auch die Lohnnebenkosten sinken.[29]

3. Zusammenfassung

Die Arbeitsmarkt- und Beschäftigungspolitik der Regierung Schröder und der EU haben ein gemeinsames Ziel: Einen höchstmöglichen Beschäftigungsstand zu erreichen. Auf EU-Ebene wird sogar seit Dezember 2000 wieder der zwischenzeitlich aufgegebene Begriff der Vollbeschäftigung gebraucht.[30] Die Regierung Schröder versucht grade die Umstellung der deutschen Arbeitsmarkt- und Beschäftigungspolitik. Das Ziel ist von der aktiven, zu einer aktivierenden Arbeitsmarkt- und Beschäftigungspolitik zu kommen. Dies geschieht auch unter anderem durch die Kürzung der Transferleistungen, um die Arbeitslosen, über ihre Leistungsbereitschaft hinaus, zur Beschäftigungsaufnahme zu bringen. In diesem Zusammenhang sind die Hartz-Gesetze zu erwähnen. Das entspricht nicht unbedingt den Zielvorgaben der EU, zum Beispiel den Punkt der Verbesserung der Arbeitsbedingungen. Denn die Hartz IV Regelung hat auch die Zumutbarkeitsregelungen zur Beschäftigungsaufnahme weiter gefasst. Das bedeutet, dass fast jede Arbeit angenommen werden muss, egal wie die Arbeitsbedingungen sind, da ansonsten die Transferleistungen gekürzt werden. Ob die Umstellung, von einer aktiven auf eine aktivierende Arbeitsmarkt- und Beschäftigungspolitik den gewünschten Erfolg bringt, die Steigerung der Beschäftigungsrate und die Senkung der Arbeitslosenzahlen, bleibt abzuwarten. Für eine abschließende Bewertung, besonders der Hartz IV Regelung, ist es noch zu früh.

Man kann aber durchaus sagen das die neuen Regelungen der Bundesregierung hart an der Grenze des sozial Zumutbaren liegen und deshalb mit der EU-Zielvorgabe, auch den sozialen Faktor zu beachten, nicht uneingeschränkt auf einer Linie liegen.

---

[28] Schultheiß, Arbeit für alle.
[29] Schmid, Wohlfahrtsstaaten, S. 114.
[30] Kowalsky, Reformimpulse, S. 147.

Quellen- und Literaturverzeichnis

-Kasten, G.; Sokice, D., Europäische Beschäftigungspolitik. Möglichkeiten und Grenzen (Marburg 2001).

-Kowalsky, W., Reformimpulse auf europäischer Ebene-Paradigmenwechsel in der Beschäftigungpolitik?, in: Neue Balance zwischen Markt und Staat? Sozialdemokratische Reformstrategien in Deutschland, Frankreich und Großbritannien, Schroeder, W., Schwalbach/Ts 2001, S. 137-160.

-Larsson, A.,Die europäische Beschäftigungsstrategie und der Europäische Beschäftigungspakt, in: Piehl, E., Der Europäische Beschäftigungspakt - Enstehungsprozeß und Perspektiven, Timmermann, H.J. (Hg.), Baden-Baden 2000, S. 23-27.

-Schmidt, M. G, Arbeitsmarkt- und Beschäftigungspolitik in der Bundesrepublik Deutschland , in: www. Bundeszentrale für politische Bildung. de, vom 2.9.2005.

-Schmid, J., Wohlfahrtsstaaten im Vergleich. Soziale Sicherung in Europa: Organisation, Finanzierung, Leistungen und Probleme, Opladen 2002, S. 119.

-Schultheiß, M., Arbeit für alle, in: www. Bundeszentrale für politische Bildung, vom 2.9.2005.

-Verzetnitsch, F., Der Europäische Beschäftigungspakt - Plan, Pakt oder Prozeß?, in: Der Europäische Beschäftigungspakt - Entstehungsprozeß und Perspektiven, Piehl, E., Timmermann, H. J. (Hg.), Baden-Baden 2000, S. 37-42.

-Walwei, S., Koch, U., Hartz IV: Neue Perspektiven für Langzeitarbeitslose?, in www. Bundeszentrale für politische Bildung.de, vom 2.9.2005.

-www. auswaertiges amt. de, Europäische Beschäftigungspolitik, vom 25.8.2005.

-www. Bundesministerium für Finanzen. gv. at, Wirtschaftspolitik, vom 1.9.2005.

-www. Bundesministerium für Wirtschaft und Arbeit. bund. de, Struktur und Aufgaben, vom 2.9.2005.

-www. Bundesvereinigung der Deutschen Arbeitgeberverbände, Die offen Methode der Koordinierung, vom 1.9.2005.

-www. europa. eu. int, Überblick über die Tätigkeitsbereiche der Europäischen Union: Beschäftigung und Sozialpolitik, vom 25.8.2005.